Hunajan pisara
KRISTUS-KALLIOSTA

Hunajan pisara KRISTUS-KALLIOSTA

Neuvon sanoja pyhille ja syntisille

THOMAS WILCOX

ARMO KUSTANNUS - TAMPERE 2020

Hunajan pisara Kristus-kalliosta
Thomas Wilcox

Alkuperäisteos:
A Choice Drop of Honey From the Rock Christ.
Thomas Wilcox (1621 - 1687). Lontoo.

Suomennos:
Sirkka Perälä

Kielellinen tarkistus:
Anna-Kaarina Silvola
Miska Wilhelmsson

© 2020 Armo kustannus
Järvensivuntie 9 A 1, 33100, Tampere

Graafinen suunnittelu ja taitto:
Miska Wilhelmsson

Tässä kirjassa olevat Raamatun lainaukset
ovat Raamattu Kansalle käännöksestä.

ISBN 978-951-98691-4-8 (nid.)
ISBN 978-951-98691-5-5 (EPUB)

*"Sillä heidän kallionsa
ei ole niinkuin meidän kalliomme.
Näin vihollisemmekin päättelevät."*

5 MOOS. 32:31

*"He joivat hengellisestä kalliosta,
joka heitä seurasi.
Se kallio oli Kristus."*

1 KOR. 10:4

LUKIJALLE

Olen murheellisin sydämin havainnut, että näinä viimeisinä ja vaarallisina aikoina moni sieluparka on heittelehtinyt ja ajautunut suuntaan ja toiseen altistuen kaikkien opin tuulten vietäväksi. Tämä on johtunut petostarkoituksessa vaanivien ihmisten viekkaudesta ja taitavasta kavaluudesta (Ef. 4:14). Olen nähnyt monta surullista esimerkkiä siitä, miten on rakennettu väärille perustuksille, ja kaikki uurastus on mennyt hukkaan. Siksi en voinut olla julkaisematta tätä pikku tutkielmaa. Tunnen todellista rakkautta harhailevia sieluparkoja kohtaan, jotka tietämättömyydessään joutuvat eksytetyiksi. Eksyttäjät eivät puhu totuutta rakkaudessa eivätkä kaikessa kasva häneen, joka on pää, eli Kristukseen. Jos emme ole yhtyneet häneen, kaikki, mitä teemme, on kirottua (Ef. 4:15).

Julkaisemani lyhyt kirjoitelma tähtää ainoastaan siihen, että Kristus korotettaisiin yli kaiken ja että kaikki, mitä meissä itsessämme on, painettaisiin nöyrästi alas hänen edessään. Tarkoituksena on johdattaa hukkaan joutuneita syntisparkoja hänen luokseen, joka tuli etsimään ja pelastamaan kadonneita. Tarkoituksena on myös puhutella jokaista syntisenä, jotta hän sydämestään kääntyisi Kristuksen puoleen ja pyytäisi Kristusta omaksi Vapahtajakseen, Vapahtajaksi syntisistä suurimmalle (Luuk. 19:10; Room. 10:9). Jos Herra suo sinulle siunauksensa tämän tutkielman myötä, havaitset sen ikään kuin takanasi kuuluvana hiljaisena äänenä, joka sanoo: Tässä on tie, kulje sitä. Älä poikkea siltä oikealle äläkä vasemmalle (Jes. 30:21). Tie ihanalle polulle, joka johtaa sielun vanhurskauttamiseen Jumalan edessä, kulkee Jeesuksen Kristuksen vanhurskauden kautta. Kaikki oma vanhurskautemme on kuin saastainen vaate. Varmana sanotaan: Herrassa minulla on vanhurskaus ja väkevyys, Herrassa on kaikki Israelin siemen tuleva vanhurskaaksi ja ylistävä häntä (Jes. 45:24, 25). Vain syyttömän ja hurskaan kuolema meidän väärien puolesta, meidän, jotka emme ole syyttömiä emmekä hurskaita, voi tuoda meidät Jumalan luo. Hänet, joka ei mitään synnistä tiennyt, tehtiin synniksi meidän puolestamme, jotta meidät, jotka emme muuta olekaan kuin syntiä, voitaisiin tehdä Jumalan vanhurskaudeksi hänessä (2 Kor. 5:21).

Kristitty lukija! Anna kaiken, mitä sinussa on Vanhaa Aatamia, vaipua Kristuksen jalkain juureen. Hän yksin olkoon kaikkein korkein. Kaikkien tämän hengellisen uuden liiton temppelin astioiden, maljoista ruukkuihin, pitää olla ripustettuina Kristukseen (Jes 22:24). Hänelle kuuluu kunnia, hän yksin on arvollinen, hän yksin on rakentava Herran temppelin ja kantava sen kunnian (Ilm. 5:12; Joh 2:19). Hänen Isänsä on asettanut hänet peruskiveksi ja kulmakiveksi, ja hän on oleva harjakivi (Matt. 21:42; Ps. 118:22, 23). Hän on Isän armon ja kunnian täyttymys (Joh 1:14; Kol. 1:18; Kol 2:9). Mitä ikinä tarvitsetkaan, saat mennä hänen luokseen. Hänellä on kylliksi balsamia, joka parantaa sielun (Jer. 8:22).

Lukija! Hyvä Herra auttakoon sinua todella kokemaan seuraavan neuvon sanan, että Jumala tekisi siitä sinulle kuin hunajaa, joka on makeaa sielullesi ja tervehdyttävää luillesi, niin minun sieluni on iloitseva kanssasi (Sananl. 16:24). Suokoon hän sinun juoda hunajaa Kristus-kalliosta voidaksesi huutaa: Katsokaa, miten silmäni ovat kirkastuneet maistettuani hiukan tätä hunajaa! (5 Moos. 32:13; 1 Sam. 14:29). Tähän minä nöyrästi luotan ja tätä rukoilen. Tämä on myös oma kokemukseni.

Thomas Wilcox

KALLIS HUNAJAN PISARA KRISTUS-KALLIOSTA

**Neuvon sana omalle sydämelleni
ja sinunkin sydämellesi.**

Sinä tunnustaudut uskovaksi ja osallistut kaikkiin uskonnollisiin toimituksiin ja toimintaan. Siinä teet oikein, ne ovat ihana etuoikeus. Mutta jos Kristuksen veri ei ole tunnustuksesi pohjana, uskontunnustuksesi raukeaa tyhjiin ja osoittautuu vain valheelliseksi kulissiksi, jonka kanssa joudut helvettiin.

Jos uskoa tunnustaessasi säilytät syyllisyytesi ja oman vanhurskautesi, ajan myötä ne kalvavat kuin mato kaiken elinvoimasi. Tutki, koettele ja selvitä joka päivä mitä tarkimmin, mille perustalle tunnustuksesi ja autuudentoivosi perustuu. Onko tuon perustan asettanut Kristuksen käsi? Jos ei ole, se ei tule kestämään myrskyä, joka varmasti nousee sitä vastaan. Saatana on kukistava kaiken, ja romahdus on oleva suuri (Matt. 7:27).

Kunnioitettu uskova! Sinut heitetään viskimellä tuuleen, joka erottaa jyvät akanoista, ja uskosi tutkitaan läpikotaisin. On kauheaa, jos uskosi luhistuu maahan ja osoittautuu kokonaan perusteettomaksi.

Korkealentoinen uskova! Katso vahasiipiisi ajoissa. Ne tulevat sulamaan kiusausten helteessä. Voi, miten sääli on touhuta kovasti ja lopulta murtua vailla pohjaa ja perustaa sielusi iankaikkisuutta varten.

Lahjakas uskova! Katso, ettei mato syö juurtasi, ettei hieno kurpitsasi mene kokonaan piloille ja ettei koetuksen päivän kuumuus tapa kaikkea, mitä sinussa on kasvanut. Tarkkaa sieluasi päivittäin kysyen: Miten Kristuksen veri ilmenee omassa sielussani? Mikä on se vanhurskaus, jolle pelastukseni perustuu? Olenko luopunut kaikesta omasta vanhurskaudestani? Nähdessään kaiken tekemisensä raunioituneen on moni arvostettu uskovainen joutunut lopulta huutamaan: "Olen hukassa, iankaikkisesti hukassa!"

Ota huomioon, että suurimmat synnit voivat jäädä piiloon suurimpien tekojen tai suurimpien pelkojen alle. Katso, että haava, jonka synti on tehnyt sieluusi, tulee täysin parannetuksi Kristuksen verellä eikä peitellyksi suorituksilla, nöyryydenosoituksilla tai millään muullakaan. Jos lääkitset haavaasi millä tahansa muulla kuin Kristuksen verellä, siihen tulee myrkytys. Olet huomaava, ettei synti ole koskaan kokonaan kuoletettu ennen kuin olet nähnyt Kristuksen kantavan sen sinun puolestasi ristille. Vain Kristuksen vanhurskauteen katsominen surmaa synnin, ei mikään muu.

Ihmisluonto ei voi tarjota sielua hoitavaa balsamia. Hoito, joka perustuu suorituksiisi eikä Kristukseen, estää tautisi paranemisen. Köyhä ja ryysyinen ihmisluonto ei voi parhailla taidoillaankaan kutoa kyllin hienoa ja tahratonta, kyllin suurta ja ehjää pukua peittämään sielun alastomuutta. Mikään muu kuin yksin Kristuksen täydellinen vanhurskaus ei riitä peittämään sielua.

Kaikki ihmisluonnon kudelmat täytyy purkaa ja riisua pois ennen kuin voi saada ylleen Kristuksen vanhurskauden. Mitä ikinä ihmisluonto onkaan päälleen pukenut, sen saatana tulee repimään pois viimeistä riekaletta myöten jättäen sielun alastomana ja paljaana Jumalan vihan kohteeksi. Ihmisluonto ei voi koskaan teoillaan saavuttaa hitustakaan armoa, joka voisi kuolettaa synnin ja jonka avulla voisi eräänä päivänä katsoa Kristusta kasvoihin.

Sinä tunnustat uskoa, menet kuulemaan sanaa, rukoilemaan ja vastaanottamaan; silti voit olla kurjassa jamassa. Tutkaile itseäsi! Oletko tähän päivään mennessä ymmärtänyt, että Kristus on ihan muuta kuin koko maailman ihanuus ja vanhurskaus? Oletko nähnyt kaiken lankeavan maahan hänen rakkautensa ja armonsa majesteetin edessä? (Jes. 2:17).

Jos todella olet nähnyt Kristuksen, olet nähnyt hänessä pelkkää armoa ja vanhurskautta. Olet nähnyt hänet kaikessa täydellisenä, ja se on suunnattomasti enemmän kuin kaikki synti ja kurjuus. Jos olet nähnyt Kristuksen, voit polkea jalkoihisi kaiken ihmisten ja enkelien vanhurskauden, sillä ne eivät tuo sinulle Jumalan hyväksyntää. Jos olet nähnyt Kristuksen, et halua tehdä yhtään mitään ilman häntä, vaikka saisit osaksesi kymmenentuhatta maailmaa (1. Kor. 2:2). Jos kerrankin olet nähnyt Kristuksen, olet nähnyt hänet kalliona, joka on korkeampi kuin omavanhurskaus, saatana ja synti (Ps. 61:3). Se kallio seuraa sinua, ja siitä vuotaa jatkuvasti sinulle hunajan pisaroita ja armon pisaroita ravinnoksesi (Ps. 81:17). Tutki, oletko koskaan katsonut Kristusta ainoana Isästä syntyneenä, täynnä armoa ja totuutta (Joh. 1:14–17). Varmistu, että olet tullut Kristuksen luo ja että seisot ikiaikain kalliolla. Varmistu, että olet vastannut, kun hän on kutsunut sinua, ja että olet liittynyt häneen tullaksesi vanhurskaaksi.

Ihmiset puhuvat uskosta rohkeasti hyvinä ja terveinä päivinään, mutta harva tietää, mitä usko on. Kristus on kirjoitusten salaisuus, armo taas on Kristuksen salaisuus. Uskominen on maailman ihanin asia, mutta jos lisäät siihen jotakin omaasi, pilaat sen niin, ettei se Kristuksen silmissä ole uskomista. Kun uskot ja tulet Kristuksen luo, sinun on jätettävä taaksesi oma vanhurskautesi. Et voi tuoda mukanasi mitään muuta kuin syntiä. Voi, miten vaikeaa on jättää taakseen kaikki oma pyhyys, pyhitys, teot, nöyryydenosoitukset ja muu vastaava ja tuoda mukanaan vain puutteensa ja kurjuutensa! Mikäli et toimi näin, ei Kristus sovi sinulle etkä sinä Kristukselle. Kristus yksin on lunastaja ja välimies. Sinun taas tulee olla kadotuksen ansainnut syntinen. Muuten Kristus ja sinä ette koskaan ole yhtä. On maailman vaikein asia pitää yksin Kristusta vanhurskautenaan, siis tunnustaa hänet Kristukseksi. Jos liität häneen jotain omaasi, teet hänestä epäkristuksen.

Jos mitä tahansa muuta kuin Kristus tahtoo mukaasi pyrkiä, kun olet menossa Jumalan luo ja tahdot tulla hänen hyväksymäkseen, nimitä sitä antikristukseksi ja käske sen mennä pois. Riemuitse ainoastaan Kristuksen vanhurskaudesta. Vain se olkoon voittajana juhlittu. Kaikki muu sen ohessa kuuluu Babyloniin, jonka täytyy kaatua ja kukistua, jotta Kristus pysyy asemassaan. Sinä päivänä, kun Babylon eli kaikki muu luhistuu, olet riemuitseva (Ilm. 18:1, 2). Kristus polki viinikuurnan yksinään. Kukaan ei ollut hänen kanssaan. Jos lisäät Kristukseen jotain muuta, hän on polkeva sen kiivaudessaan ja vihassaan tahraten vaatteensa vereen. (Jes. 63:3). Sinä ajattelet, että uskominen on helppoa, mutta onko uskoasi koskaan koeteltu kiusauksissa tai silloin, kun olet perusteellisesti nähnyt syntisi? Onko uskosi milloinkaan joutunut painimaan saatanan kanssa? Onko Jumalan viha painanut omaatuntoasi? Mikäli olet ollut helvetin ja haudan partaalla ja Jumala on näyttänyt sinulle Kristuksen sovitusuhrina ja vanhurskautena, niin sitten voit sanoa: "Oi, minä näen, että Kristuksessa on kylliksi armoa". Silloin voit sanoa maailman suurimmat sanat: "Minä uskon". Usko, jota ei ole koeteltu, on epävarmaa uskoa. Uskomiseen tarvitaan, että selkeästi tiedostaa syntinsä ja että on vakuuttunut Kristuksen veren ansioista ja Kristuksen halukkuudesta pelastaa sinut, joka koet olevasi ainoastaan syntinen. Tämä on paljon vaikeampaa kuin maailman luominen. Synnin ja syyllisyyden myrskyssä ihmisellä ei ole luontaisia voimia nousta niin korkealle, että hän pystyisi lainkaan uskomaan, että Kristus on armollinen ja halukas pelastamaan. Kun saatana kantaa syntiä omantunnon päälle, kantakoon sielu synnit Kristuksen päälle evankeliumin mukaisesti. Näin Kristuksesta tulee Kristus, joka palvelee sinua kantamalla syntisi. Evankeliumin ydinsanoma on, että ainoastaan Kristuksen vanhurskaus ja hänen verensä pelastaa. Ne tulee vastaanottaa, jotta pelastuisi. Kun sielu kaikkien suoritusten ja ahdistusten keskellä voi sanoa: vain Kristus, Kristus yksin riittää pyhitykseksi, vanhurskaudeksi, viisaudeksi ja lunastukseksi, ei nöyryydenosoitukset, ei teot, ei armosta saadut lahjat ja kyvyt, tai muu vastaava, sellainen sielu on päässyt nousemaan myrskyaaltojen ulottumattomiin (1 Kor. 1:30).

Kaikkiin synnillisiin kiusauksiin, saatanan yliotteisiin ja meidän valituksiimme on syynä omavanhurskautemme ja omahyväisyytemme. Näitä ominaisuuksiasi Jumala häätää sinusta pois salliessaan saatanan kimppuusi. Ne täytyy repiä sinulta pois, halusitpa tai et, sillä ne estävät Kristusta tulemasta sisään. Syyllisyys ei lähde ulos ennen kuin Kristus tulee sisään. Missä on syyllisyyttä, siellä on myös sydämen kovuutta. Siksi voimakas syyllisyydentunto todistaa vain vähän, jos ollenkaan, Kristuksesta.

Kun synnintuntosi on herännyt, varo, ettet häivytä sitä millään muulla kuin Kristuksen verellä. Vain se tehoaa sydämen kovuuteen. Olkoon sinun rauhasi Kristus, ei suorituksesi, kyyneleesi tai muu sellainen (Ef. 2:14). Olkoon vanhurskautenasi Kristus, ei uskosi, vilpitön kuuliaisuutesi tai muu sellainen. Voit tuhota itseltäsi Kristuksen niin hyvillä teoillasi kuin synneilläsikin. Katso Kristukseen ja tee hyvää niin paljon kuin haluat. Seiso koko painollasi Kristuksen vanhurskauden päällä. Varo, ettei toinen jalkasi ole oman vanhurskautesi päällä ja toinen Kristuksen vanhurskauden päällä. Ennen kuin Kristus tulee ja nousee korkealle armon valtaistuimelle omassatunnossa, siellä on pelkkää syyllisyyttä, kauhua ja salaista epäluottamusta. Sielu häilyy toivon ja pelon välillä. Sellainen olotila ei ole evankeliumin mukainen.

Hän joka pelkää nähdä synnin syvimmän pahuuden ja oman sydämensä syvimmän helvetin, hän epäilee Kristuksen ansiota. Älä sinä tee niin suurta syntiä (1 Joh. 2:1), yritä saada Kristus omaksi puolustajaksesi, niin tulet tuntemaan hänet Jeesuksena Kristuksena, vanhurskaana. Aina, kun epäilet, pelkäät ja myrsky riehuu omassatunnossasi, katso jatkuvasti Kristukseen. Älä väittele saatanan kanssa. Se ei halua sinun parastasi. Käske sen mennä Kristuksen luo. Hän on vastaava saatanalle.

Kristuksen virkana on toimia meidän puolustusasianajanamme ja vastata puolestamme (1 Joh. 2:1). Hänen virkanaan on vastata lain edessä meidän takaajanamme (Hepr. 7:21, 22). Hänen virkansa on vastata oikeudessa meidän välimiehenämme (Gal. 3:20; 1 Tim. 2:5). Hänen virkansa on valalla vahvistettu (Hepr. 7:20, 21; Ps. 110:4). Ota Kristus vastaamaan puolestasi. Mutta jos tahdot itse tehdä jotain synnin hyvittämiseksi, kiellät Kristuksen, tuon vanhurskaan, joka tehtiin synniksi sinun vuoksesi (2 Kor. 5:21).

Saatana voi väitellä ja vääristellä Raamatun sanaa, mutta se ei pysty vastaamaan siihen. Se on Kristuksen sanaa, jonka auktoriteetti on mahtava. Kristus selätti saatanan sanan avulla (Matt. 4:1–11).

Raamatusta ei löydy yhtään pahaa sanaa syntiselle, jolta on omavanhurskaus riisuttu pois. Sana osoittaa selvästi, että juuri sellaiselle ihmiselle kuuluu evankeliumin armo, ei kenellekään muulle. Usko Kristuksen valmiuteen vastaanottaa sinut, niin tulet halulliseksi itsekin. Jos huomaat, ettet pysty uskomaan, muista, että Kristuksen tehtävänä on saada sinut uskomaan. Anna hänen tehdä se. Hän vaikuttaa sekä tahtomisen että tekemisen ohjaten siihen, mikä häntä miellyttää (Fil. 2:13).

Murehdi epäuskoasi, joka asettaa omassatunnossasi olevan syyllisyyden Kristusta korkeammalle. Murehdi epäuskoasi, joka aliarvostaa Kristuksen ansioita pitämällä hänen vertaan epäpyhänä, halpana ja riittämättömänä.

Sinä valittelet itseäsi paljon. Saako syntisi sinut katsomaan enemmän Kristukseen ja vähemmän itseesi? Jos näin tapahtuu, tapahtuu oikein. Muuten valittelusi on pelkkää tekopyhyyttä. On säälittävää, jos katsot siihen, mitä teet, mitä lahjoja olet armosta saanut ja mitä kaikkea olet suorittanut, vaikka sinun tulisi katsoa Kristukseen. Edellisten tarkkailu tekee sinusta ylpeän, mutta Kristuksen armoon katsominen tekee sinusta nöyrän. Armosta teidät on pelastettu ja armosta te olette autuaaksi tulleet (Ef. 2:5). Älä lannistu missään koetuksissasi (Jaak. 1:2). Koetusten hyökyaallot eivät välttämättä murskaa sinua, vaan ne voivat heittää sinut ylös Kristus-kalliolle, pois omasta itsestäsi.

Voit joutua alas aina helvetin kuilun partaalle ja olla putoamaisillasi sinne. Kuitenkaan et voi joutua alemmaksi kuin helvetin kitaan. Sinne on moni pyhä vajonnut, peräti uponnut. Mutta sieltäkin voit huutaa, sieltäkin voit nähdä pyhään temppeliin (Joona 2:1-4). Siihen temppeliin eivät saa tulla muut kuin puhdistetut, joiden puolesta on ensin suoritettu uhritoimitus (Apt. 21:26). Mutta nyt Kristus on meidän temppelimme, uhrimme, alttarimme ja ylipappimme. Hänen luokseen eivät saa tulla muut kuin syntiset, eikä heillä saa olla muuta uhria kuin Kristuksen oma veri, joka on kerran uhrattu (Hepr. 7:27). Muista kaikkia niitä armon muistomerkkejä, jotka ovat taivaassa. Ajattelet: "Oi, mikä armon muistomerkki minä olisin!" Voisit tulla muistetuksi yhtä suuren armon saaneena kuin tuhannet ennen sinua.

Pahimmankaan syntisen syntisyys ei ole koskaan suurempi kuin Kristuksen armo. Älä vaivu epätoivoon, vaan pidä toivoa yllä. Kun pilvet ovat sysimustia, katso silloinkin Kristukseen. Hän on Isän rakkauden ja armon kannatinpylväs, joka on pystytetty taivaaseen, jotta kaikki syntiset katsoisivat alati häneen. Mitä tahansa saatana tai omatunto sanookin, älä anna sen kääntyä itseäsi vastaan. Kristuksella on viimeinen sana. Hän on elävien ja kuolleiden tuomari. Hän julistaa viimeisen tuomion. Kun Kristuksen veri puhuu (Hepr. 12:24), se saarnaa sovintoa (Kol. 1:20), puhdistusta (1 Joh. 1:7; Hepr. 9:14), omaksi ostamista (Apt. 20:28), lunastusta (1 Piet. 1:19), anteeksiantoa (Hepr. 9:22), vapaata pääsyä (Hepr. 10:19), vanhurskauttamista (Room. 5:9) ja Jumalan lähelle pääsemistä (Ef. 2:13).

Ei pisaraakaan tästä verestä mene hukkaan. Pysähdy ja kuuntele, mitä Jumala tahtoo sanoa. Hän tahtoo julistaa rauhaa kansalleen, ettei se enää kääntyisi takaisin hulluuteen (Ps. 85:9). Hän julistaa armoa, laupeutta ja rauhaa (2. Tim. 1:2). Tällaista on Isän ja Kristuksen puhe. Odota Kristuksen ilmestymistä kuin aamutähteä (Ilm. 22:16). Hän on tuleva yhtä varmasti kuin aamu ja yhtä virvoittavana kuin sade (Hoos. 6:3).

Aurinkoa ei voi estää nousemasta, ei myöskään Kristusta, vanhurskauden aurinkoa (Mal. 4:2). Älä käännä katsettasi hetkeksikään pois Kristuksesta. Älä katso pelkästään syntiin, vaan katso ensin Kristukseen. Älä murehdi syntiäsi katsomatta Kristukseen (Sak. 12:10). Kaikessa, mitä sinun tulee tehdä, katso Kristukseen. Ennen kuin teet mitään, katso hänen anteeksiantoonsa, tehdessäsi katso häneen auttajanasi ja tehtyäsi katso hänen hyväksyntäänsä. Jos et toimi näin, toimit lihallisesti ja välinpitämättömästi. Älä tee evankeliumista lakia ottamalla itsellesi osia lain täyttämisestä, sovitustyöstä ja kärsimisestä. Älä yritä kantaa ja hyvittää osaa synneistäsi itse, ikäänkuin Kristus olisi vain puolikas välimies. Anna synnin särkeä sydämesi mutta älä evankeliumin mukaista toivoasi.

Katso enemmän vanhurskauttamiseen kuin pyhitykseen. Älä pidä Kristusta ankarana vaatijana, joka vaatii sinulta Jumalan käskyjen täydellistä noudattamista, sillä hän on tehnyt sen puolestasi. Älä pidä häntä velkojana vaan velkasi maksajana. Jos katsot omiin suorituksiin, velvollisuuksiin ja kelvollisuuteesi enemmän kuin Kristuksen ansioihin, se kostautuu ikävästi: Ei ole ihme, että joudut kulkemaan valittaen. Armosta saadut lahjat voivat toki olla todisteita, mutta Kristuksen ansioiden pitää olla ainoa perustus, jolle toivosi pohjautuu. Yksin Kristus voi olla kunnian ja kirkkauden toivo (Kol. 1:27). Kun me tulemme Jumalan eteen, meillä ei saa olla mukanamme muuta kuin Kristus.

Minkä tahansa oman mukaan ottaminen myrkyttää ja pilaa uskon. Se, joka rakentaa suoritustensa ja armolahjojensa varaan, ei tunne Kristuksen ansioita. Tämä tekee uskomisen niin vaikeaksi luonnolliselle ihmiselle. Jos uskot, huolehdi joka päivä siitä, ettet yritä tulla Jumalan edessä otolliseksi ja saada Jumalan hyväksyntää erinomaisuutesi, kuuliaisuutesi, kasteesi, pyhän elämäsi, tekojesi, armolahjojesi, kyyneltesi, tunteittesi tai nöyryytesi avulla. Siihen tarkoitukseen ne ovat kuonaa ja jätettä (Fil. 3:8). Vain yksin Kristusta, ei mitään muuta, tulee pitää arvossaan ja asemassaan. Omat suoritukset ja omahyväisyys pitää mitätöidä joka päivä. Sinun on otettava kaikki lahjana Jumalan kädestä.

Kristus on Jumalan lahja (Joh. 4:10). Usko on Jumalan lahja (Ef. 2:8). Anteeksianto on lahja (Room. 5:16). Voi, kuinka ihmisluonnossa nousee myrsky ja raivo sitä vastaan, että kaikki onkin lahjaa eikä mitään voikaan ostaa omalla tekemisellä, kyynelillä ja velvollisuuksien täyttämisellä. Mitkään omat teot eivät kelpaa, eikä niitä taivaassa pidetä minkään arvoisina!

Jos ihmisluonto olisi suunnitellut tien pelastukseen, se olisi laittanut pyhät ihmiset tai enkelit myymään pelastusta ennemmin kuin Kristuksen antamaan sen ilmaiseksi. Ihminen ei luonnostaan pysty luottamaan Kristukseen, vaan hän haluaisi ostaa eli ansaita pelastuksen omilla teoillaan. Ihmisluonto kammoksuu Kristuksen ansiota, koska se tuhoaa omatekoisen pelastustien, tien, johon liittyy halu tehdä itse edes jotakin oman pelastuksensa vuoksi. Sellainen tie sopisi ihmiselle paremmin kuin meneminen Kristuksen luo ja liittyminen häneen. Kristus ei halua mitään, mutta sielu haluaa väkisin liittää pelastukseen myös jotakin omaansa Kristuksen lisäksi. Tässä on valtava ristiriita.

Oletko vielä koskaan ymmärtänyt Kristuksen ansioita ja sovitustyötä, jonka hän sai aikaan kuolemallaan? Oletko saanut käsittää sen silloin, kun synnin taakka ja Jumalan viha on painanut raskaasti omaatuntoasi? Se on armoa! Kristuksen ansioiden suuri arvo avautuu vain köyhälle sielulle, joka on menettänyt kaiken. Jos synnintunto on pintapuolista, käsitys Kristuksen ansioista ja verestä jää myös pintapuoliseksi, eikä niitä osaa arvostaa.

Epätoivoinen syntinen! Katselet oikealle ja vasemmalle kysellen: kuka näyttäisi meille, mikä on hyvää? Sinä kompuroit yrittäen nojautua siihen, että tunnustaudut uskovaksi ja teet kaiken, mitä pitää tehdä. Niistä kyhäät kokoon pelastavaa vanhurskautta itsellesi, mutta saat vain laihan lohdun. Katso nyt Kristukseen. Katsokaa häneen ja antakaa pelastaa itsenne, te kaikki maan ääret. Muita auttajia ei ole. Hän on pelastaja, ei kukaan muu (Jes. 45:21, 22). Jos katsot muualle, joudut hukkaan. Jumala ei katso muuhun kuin Kristukseen. Siksi sinäkään et saa katsoa mihinkään muuhun.

Kristus on nostettu korkealle niin kuin vaskesta tehty käärme nostettiin erämaassa, jotta maan ääret, kauimpanakin olevat syntiset, näkisivät hänet ja katsoisivat häneen. Yksikin katse häneen pelastaa sinut, pieninkin kosketus häneen tekee sinut terveeksi. Jumalan tarkoitus on, että katsot häneen. Siksi Jumala on asettanut hänet korkealle kunnian valtaistuimelle kaikkien kurjien syntisten nähtäville. Sinulla on täysi syy katsoa häneen mutta ei todellakaan mitään syytä olla katsomatta, sillä hän on lempeä ja nöyrä sydämeltään (Matt. 11:29). Kristus tahtoo tehdä itse sen, mitä hän luoduiltaan edellyttää, eli kantaa heikkoutesi ja vajavuutesi. Hän ei pyri siihen, mikä olisi hänelle itselleen mieluista. Hän ei lue meille lakia (Room. 15:1, 2). Hän haluaa ojentaa sinua lempeästi ja kantaa kuormasi (Gal. 6:1, 2). Hän haluaa antaa anteeksi ei vain seitsemää kertaa vaan seitsemänkymmentä kertaa seitsemän (Matt. 18:21, 22). Sitä oli apostolien vaikea uskoa (Luuk. 17:5). Koska meidän on vaikeaa antaa anteeksi, päättelemme, että se on vaikeaa Kristuksellekin.

Me näemme synnin suurena ja ajattelemme Kristuksenkin näkevän samoin. Me mittaamme ääretöntä rakkautta omalla mittatikullamme. Mittaamme täydellistä ansiota omilla synneillämme. Tällä tavoin syyllistymme suurimpaan ylpeyteen ja jumalanpilkkaan (Ps. 103:12, 13). Kuule, mitä Jumala sanoo: "Olen saanut lunnaat" (Job 33:24). "Häneen olen mieltynyt!" (Matt. 3:17). Jumala ei halua mitään muuta, eikä mikään muu kuin Kristus koidu sinun parhaaksesi eikä rauhoita omaatuntoasi. Kristus täytti Isän vaatimukset. Jumala toimii sen perusteella, mitä Kristus on ansainnut.

Sinä itse olet ansainnut helvetin, Jumalan vihan ja hylätyksi joutumisen. Kristus taas on ansainnut elämän, anteeksiannon ja hyväksytyksi tulemisen. Jumala haluaa ainoastaan näyttää, mitä sinä olet ansainnut. Sitten hän antaa sinulle sen, mitä Kristus on ansainnut. Kristukselle on kunnia ja ilo antaa anteeksi. Huomaa, että maan päällä ollessaan Kristus vietti enemmän aikaa publikaanien ja syntisten parissa kuin kirjanoppineiden ja fariseusten kanssa, jotka vanhurskaina vastustivat häntä julkisesti. Ei ole niin kuin sinä kuvittelet, että nyt, kun hän on kunniassaan, hänen korkea asemansa tekisi hänestä torjuvan ja halveksuvan syntisparkoja kohtaan. Ei, vaan taivaassa hänellä on sama sydän. Hän on Jumala eikä hän muutu. Hän on Jumalan Karitsa, joka ottaa pois maailman synnin (Joh. 1:29). Hän on kokenut kaiken, mitä sinäkin: kiusaukset, houkutukset, murheet, tuskat ja hylkäämisen (Matt. 4:3–11; 26:38; Mark. 15:34; Luuk. 22:44). Hän on juonut katkerimman maljan ja jättänyt sinulle makean maljan juotavaksi. Kiroustuomio on poissa. Kristus on juonut Isän vihan maljan yhdellä siemauksella. Sinulle on jäänyt yksinomaan pelastus ja autuus.

Sanot ettet pysty uskomaan etkä tekemään

parannusta. Mutta sinä kelpaat Kristukselle paremmin, jos sinulla ei ole muuta kuin syntiä ja kurjuutta. Mene Kristuksen luokse katumattomuutesi ja epäuskosi kanssa, että saisit uskon ja kääntymyksen häneltä. Se on kunniakasta! Sano hänelle: Herra, en ole tuonut mukanani vanhurskautta enkä armoa tullakseni hyväksytyksi ja vanhurskautetuksi. Nämä kaikki minun täytyy saada sinulta. Siksi olen tullut luoksesi. Me haluaisimme tuoda jotain Kristukselle, mutta se ei käy päinsä. Ihmisluonnon hienoimmatkaan saavutukset eivät ole taivaassa minkään arvoisia. Armo ja teot eivät sovi yhteen (Tiit. 3:5; Room. 11:6). Tämä on kauhistuttavaa ihmisluonnolle, joka ei voi kuvitellakaan tulevansa niin riisutuksi kaikesta, ettei näkyviin jää riepuakaan omista teoista ja omasta vanhurskaudesta. Omavanhurskaus ja omahyväisyys ovat ihmisluonnolle hyvin rakkaita. Niitä se varjelee kuin omaa henkeään. Siksi Kristus on ihmisluonnolle vastenmielisen näköinen, ihminen ei kykene halajamaan häntä. Hän on täydellinen vastakohta kaikille ihmisluonnon hienoillekin tavoitteille.

Jos ihminen laatisi evankeliumin, siitä tulisi Kristuksen evankeliumin täydellinen vastakohta.

Sellainen evankeliumi olisi vain hurskaita, viattomia ja pyhiä varten. Kristus on tehnyt evankeliuminsa sinulle. Hänen evankeliuminsa on tarkoitettu apua tarvitseville syntisille, jumalattomille, vääryyden tekijöille ja kiroustuomion alaisille. Ihmisluonto ei siedä ajatusta, että evankeliumi on vain syntisille. Se vaipuu mieluummin epätoivoon kuin menee Kristuksen luo noin kauheaksi luokiteltuna. Kun syyllisyyden ja Jumalan vihan tunto ajaa ihmistä Kristuksen luokse, silloinkin ihmisluonto tahtoo tuttuun tapaansa linnoittautua omaan vanhurskauteensa ja omaan hyvyyteensä. Tarvitaan ääretön voima, että nämä vahvat linnoitukset murtuvat maan tasalle. Vain se, joka on omasta mielestään hurskas, jää evankeliumin ulkopuolelle. Kristus tahtoo katsoa pahimpaankin syntiseen, sillä Kristus ei voi vanhurskauttaa sitä, joka ei ole syntinen.

On helppoa muodollisesti sanoa rukouksessa: olen syntinen. Mutta vaikeinta maailmassa on rukoilla publikaanin kanssa aivan tosissaan että Herra, ole minulle syntiselle armollinen. On helppoa sanoa, että minä uskon Kristukseen. Mutta pelastus on siinä, että näkee Kristuksen täynnä armoa ja totuutta, jonka täydellisyydestä voi saada armoa armon päälle. On helppoa tunnustaa Kristusta suullaan. Mutta tunnustukseen, joka Pietarin tavoin nousee sydämestä ja tunnustaa Kristuksen elävän Jumalan Pojaksi ja ainoaksi välimieheksi, ei liha ja veri pysty.

Moni sanoo, että Kristus pelastaa ja että hän on Vapahtaja. Harva kuitenkaan tuntee hänet pelastajanaan ja vapahtajanaan. Armon ja pelastuksen näkeminen Kristuksessa on suurinta, mitä koko maailmassa voi nähdä. Se tapahtuu ainoastaan silloin, kun voi nähdä armon ja pelastuksen itselleen kuuluvana. Tällä näkemisellä on monia vaikutuksia. Minuun itseeni se vaikuttaa niin, että ajattelen häveten, että vaikka tunnustan ja harjoitan uskoa paljon, niin silti Kristuksen veren tunteminen on jäänyt vähäiseksi, vaikka Kristuksen veri on evankeliumin tärkein asia.

Ulkokohtainen, muodollinen kristinusko, josta puuttuu Kristus, on synkkä näkymä. Vain helvetti voi näyttää synkemmältä. Sinulla voi olla paljon hyvää, mutta silti jotain voi puuttua. Se voi johtaa siihen, että joudut poistumaan Kristuksen luota murhemielin. Et ole koskaan myynyt kaikkea omistamaasi etkä luopunut omasta vanhurskaudestasi. Vaikka tekisit kaikki tehtäväsi täydellisesti, voit silti olla täysin Kristuksen vihollinen ja vastustaja. Pyri aina toimimaan kaikkein pyhimmällä tavalla, kun rukoilet, harjoitat hartautta ja osallistut jumalanpalvelukseen. Älä kuitenkaan tee pyhityselämästäsi "kristusta", jonka avulla kuvittelet saavuttavasi pelastuksen. Jos niin teet, sen täytyy loppua tavalla tai toisella. Kristuksen täydellisen lunastustyön tulee olla sinun vanhurskautesi Jumalan edessä, ei sinun pyhityselämäsi. Kun Herra on kerran kauhistuttavana ilmestyvä pyhästä sijastaan, kuluttava tuli on polttava sen kaiken heininä ja olkina.

Oikeaa uskontoa on ainoastaan se, että sinulla on kaiken perustana Jumalan rakkauden ja armon iankaikkiset vuoret Kristuksessa ja että elät katsoen jatkuvasti Kristuksen täydelliseen vanhurskauteen ja ansioon. Ne pyhittävät, ja ilman niitä sydämesi on lihallinen. Oikeaan uskontoon kuuluu myös, että

1. Kristuksen täydelliseen vanhurskauteen ja ansioon katsoen näet synnin koko pahuuden kokonaan anteeksi annettuna.

2. Kristuksen täydelliseen vanhurskauteen ja

ansioon katsoen rukoilet, kuuntelet sanaa ja harjoitat hartautta. Samanaikaisesti näet oman turmeluksesi ja kaiken oman tekemisesi vajavuuden. Kuitenkin saat jatkuvasti nähdä Jumalan hyväksyvän sinut.

3. Kristuksen täydelliseen vanhurskauteen ja ansioon katsoen poljet inhottavina maahan kaiken oman kunniasi, oman vanhurskautesi ja oman erinomaisuutesi, ja pitäydyt koko ajan ainoastaan Kristuksen vanhurskaudessa.

4. Kristuksen täydelliseen vanhurskauteen ja ansioon katsoen riemuitset oman vanhurskautesi raunioitumisesta ja kaikkien omien hienojen saavutustesi mitätöimisestä. Riemuitset siitä, että näin voit kunnioittaa yksin Kristusta välimiehenäsi valtaistuimellaan.

5. Kristuksen täydelliseen vanhurskauteen ja ansioon katsoen murehdit, etteivät mitkään tekosi ole täydellisiä, vaikka ne hienoilta näyttäisivätkin. Todellisuudessa et ole tehnyt mitään täydellisesti Kristuksen rakkauteen katsoen ja Kristuksen rakkautta tuntien. Jos omatuntosi ei ole Kristuksen veren puhdistama, kaikki jumalanpalveluksesi on kuollutta (Hepr. 9:14).

Oppi vapaasta tahdosta on kovin suosittu, mutta se kumoutuu helposti Raamatun kirjoitusten avulla. Tunnet sen opin vääräksi myös omassa sydämessäsi, jos koskaan olet kääntynyt Kristuksen puoleen voidaksesi päästä osalliseksi hänen ansioistaan ja vanhurskaudestaan. Kristus on joka suhteessa liian mahtava, jotta ihmispoloisen luonto voisi liittyä häneen tai käsittää häntä. Kristus on niin äärimmäisen pyhä, ettei ihmisluonto uskalla katsoa häneen. Kristus on niin äärettömän hyvä, ettei ihmisluonto, nähdessään synnin koko todellisuuden, pysty uskomaan hänen ääretöntä hyvyyttään todeksi. Kristus on ihmisluonnolle liian korkea-arvoinen ja kunniakas, ihminen ei uskalla edes koskettaa häntä. Sieluun täytyy ensin istuttaa jumalallinen luonto, jotta se voi tarttua Kristukseen ja pitää hänestä kiinni. Muuten Kristus jää niin kaukaiseksi, eikä ihminen mitenkään voi häntä käsittää eikä häneen yltää.

Se Kristus, joka käsitetään vapaan tahdon avulla, on ihmisluonnon itse tekemä Kristus. Hän ei ole Isän Kristus eikä Jeesus, elävän Jumalan Poika, jonka luokse ei kukaan voi tulla ilman, että Isä vetää hänet sinne (Joh. 6:44–46).

Tutki Raamatun kirjoituksia joka päivä kuin kultakaivoksia, joihin Kristuksen sydän kätkeytyy. Valvo syntejä johon olet taipuvainen. Vastusta niitä ja näe niiden todellinen pahuus, etteivät ne koskaan pääsisi ilmenemään tekoina. Pysy aina nöyränä, tyhjänä ja särjettynä sydämeltäsi, herkkänä tunnistamaan kaikki hengelliset hairahduksesi. Tarkkaa, mikä vaikuttaa sydämessäsi ja miten. Pidä sydämesi valmiina kaikkein korkeimpaan yhteydenpitoon. Älä jää syyttävälle tunnolle, vaan anna heti Kristuksen veren puhdistaa omatuntosi. Jumala sälyttää synnin ja syyllisyyden kuorman päällesi saadakseen sinut katsomaan Kristukseen, vaskikäärmeeseen.

Älä arvioi Kristuksen rakkautta omien kokemustesi mukaan, vaan lupausten mukaan. Kiitä Jumalaa siitä, että hän maata järisyttäen tuhoaa väärät perustuksesi. Kiitä häntä kaikesta, millä hän pitää sielusi valveilla ja saa sinut katsomaan Kristukseen, esim. sairauksien ja kiusauksien avulla. Siksi ne ovat parempia kuin turvallisuus ja välinpitämättömyys.

Välinpitämättömyys muuttuu maalliseksi mieleksi, ja sitten voidaan yhtä hyvin tehdä syntiä kuin rukoillakin. Välinpitämättömyys on uskon surma. Jos välinpitämättömyyttä ei tosissaan ja juurta jaksaen revitä pois sydämestä ja samanaikaisesti kaikessa katsota Kristukseen, välinpitämättömyys vain voimistuu yltyen tappavimpaan tuhovoimaansa kun se liittyy ulkoiseen jumalanpalvelukseen. Älä mittaa saamaasi armoa lahjoineen vertailemalla siihen, mitä muut ovat saaneet, vaan tutki asiaa Raamatun kirjoitusten avulla. Ole tosissasi ja tee kunnolla ja kokosydämisesti kaikki, mitä sinun tulee tehdä, mutta varo hakemasta turvaa ja lohtua niin suorittamisesta kuin synneistäkin. Kaikki turva ja lohtu, mikä saadaan muualta kuin Kristuksen kädestä, on kuolemaksi. Rukoile paljon, sillä muuten yhteytesi Jumalaan jää vähäiseksi. Se, millainen olet rukoillessasi yksin huoneessasi, paljastaa, millainen olet muussakin uskosi harjoittamisessa.

Älä arvosta mitään toimintaa sen perusteella, että se on hienoa ja näyttävää, vaan pidä tärkeänä sitä, että kaikki tehdään vaatimattomasti ja nöyrästi Kristukseen katsoen. Suhtaudu vavisten hyviin tekoihisi ja lahjoihisi. Eräs suurista pyhistä on kertonut pelkäävänsä enemmän hyviä tekojaan kuin syntejään, koska hyvät teot usein ylpistyttävät, mutta synti tekee aina nöyräksi. Kokoa aarteiksesi osoituksia Kristuksen rakkaudesta, sillä ne tekevät sydämen matalaksi Kristukselle mutta liian korkeaksi synnille. Älä pidä halpana vähäisintäkään todistusta armosta. Jumala voi laittaa sinut hyödyntämään vähäisimmäksi katsomaasi todistetta armosta niin, että luokittelet sen tuhansien maailmojen arvoiseksi, kuten esimerkiksi tämän todisteen: Me tiedämme, että me olemme kuolemasta elämään siirretyt, sillä me rakastamme veljiä. Joka ei veljeänsä rakasta, se pysyy kuolemassa (1 Joh. 3:14).

Ole uskollinen totuudelle olematta kuitenkaan myrskyisä ja halveksuva. Auta langenneita entiselleen. Nosta heitä ylös Kristuksen sydämellisellä rakkaudella. Aseta murtuneet, sijoiltaan menneet luut paikoilleen evankeliumin armolla.

Arvostettu uskova! Älä halveksi heikkoja pyhiä, sillä saatat vielä toivoa olevasi itse samassa tilassa kuin vähäisin heistä. Ole uskollinen, kun huomaat muissa heikkouksia, ja tunnista omat heikkoutesi herkästi. Vieraile usein sairasvuoteiden ja yksinäisten sielujen luona, sillä se on hieno kokemusten koulu.

Pysy kutsumuksessasi. Tee työsi aina niin kuin Herralle. Ole tyytyväinen vähään maailmassa, sillä se riittää. Pidä vähäistäkin maallista antia suurena, sillä olet arvoton saamaan vähintäkään. Pidä suurtakin taivaallista antia liian vähänä, sillä Kristus on niin rikas antaja. Pidä jokaista itseäsi parempana, kanna aina itseinhoa mukanasi tuntien soveltuvasi kaikkien pyhien tallattavaksi. Näe maailman turhuus ja kaiken katoavaisuus. Älä rakasta muuta kuin Kristusta.

Murehdi sitä, miten vähän Kristus näkyy maailmassa ja miten harvat häntä tarvitsevat. Mitättömät asiat kelpaavat monille paremmin. Itsevarmalle sielulle Kristus on vain taruolento ja Raamattu pelkkä satukirja. Ajattele murhemielin, miten moni kastettu ja kirkkoon kuuluva on vailla armoa. He painottavat velvollisuuksien täyttämistä ja kuuliaisuutta, mutta Kristus jää miltei kokonaan sivuun, ja armo on heille melkoisen outoa. Valmistaudu ristiin ja toivota se tervetulleeksi. Kanna sitä voitonriemuisesti kuten Kristuksen ristiä, olipa se pilkkaa, ivaa, herjaa, halveksuntaa tai vankeutta. Pidä huoli että kyse on Kristuksen rististä eikä omastasi.

Synti pyrkii usein nousemaan Kristuksen rististä iloitsemisen esteeksi. Jos toimit valoa vastaan hylkäämällä osan totuutta, se voi sytyttää helvetin omassatunnossasi. Samoin käy, jos toimit valoa vastaan tekemällä suuria syntejä. Jos sinut on vedetty ulos helvetin nielusta Kristuksen syliin ja asetettu istumaan valtiaiden seuraan Jumalan huonekuntaan, niin oi, miten sinun tulisikaan elää esimerkkinä armosta! Lunastettu, uudistettu sielu, missä äärettömässä velassa oletkaan Kristukselle! Oi, miten sinun tulisikaan aivan erityisellä tavalla vaeltaa ja toimia!

Pyhäpäivät: mitä kiitoksen, ylistyksen ja hallelujan laulamisen päiviä niiden tulisikaan olla sinulle! Seurakuntayhteys: miten taivaallista olla Kristuksen, enkelien ja pyhien kanssa! Herran ehtoollinen: oi, millaiseen iankaikkiseen rakkauteen sielu uppoakaan, kun se saa tulla haudatuksi yhdessä Kristuksen kanssa ja saa kuolla kaikelle muulle kuin Kristukselle! Joka kerta, kun ajattelet Kristusta, ihmettele ja hämmästy. Kun näet syntiä, katso Kristuksen armoon, josta sait syntisi anteeksiannon. Kun olet ylpeä, katso Kristuksen armoon, se nöyryyttää ja iskee sinut maan tomuun.

Muista Kristuksen rakkautta: kun sinä vielä olit alaston, hän valitsi sinut (Hes. 16:8). Voitko enää koskaan ajatella ylpeitä ajatuksia? Muista, kenen käsivarret kannattelivat sinua estäen uppoamisen ja pelastivat sinut syvimmästä helvetistä (Ps. 86:13).

Huuda niin, että enkelit ja ihmiset kuulevat! Laula ikuista kiitosta, ylistä armoa, ainoastaan armoa! (Ps. 148).

Joka päivä usko, tee parannusta, rukoile ja vaella armoon katsoen niin kuin se, joka on armolla voideltu. Muista syntejäsi ja Kristuksen anteeksiantamusta. Muista, mitä olet itsellesi ansainnut ja mitä Kristus on ansainnut sinulle. Muista heikkouttasi ja Kristuksen voimaa. Muista ylpeyttäsi ja Kristuksen nöyryyttä. Muista monia heikkouksiasi ja sitä miten Kristus on uudistanut sinua. Muista syyllisyyttäsi ja sitä miten Kristus aina uudelleen puhdistaa sinut verellään. Muista lankeemuksiasi ja sitä miten Kristus on nostanut sinut ylös. Muista piittaamattomuuttasi ja Kristuksen kärsimyksiä. Muista puutteitasi ja Kristuksen täyteyttä. Muista kiusauksiasi ja houkutuksiasi ja Kristuksen herkkää, rakastavaa sydäntä. Muista pahuuttasi ja Kristuksen vanhurskautta. Autuas on sielu, jota Kristus ei löydä omavanhurskaana vaan vaatteet pestynä ja valkaistuna Karitsan veressä (Fil. 3:9, Ilm. 7:14).

Sinä säälittävä ja kurja uskon tunnustaja, jonka sisimmästä evankeliumi puuttuu. Älä tukeudu siihen, että olet läpäissyt seurakunnan suorittaman tutkinnan. Voit silti joutua hylätyksi, kun Kristus tutkii sinut tuomiopäivänä. Olet ehkä tullut kasteelle, mutta siitä huolimatta on mahdollista, ettet ole koskaan tullut Jeesuksen luokse hänen verellään vihmottavaksi (Hepr. 12:24). Kaikki suoritukset ja teot, joita tehdessä ei selkeästi ymmärretä Kristuksen veren, hänen ansioidensa ja vanhurskautensa merkitystä (joka on evankeliumin ydin), sellaiset teot ovat evankeliumin ulkopuolella. Ne jättävät sielun epäilysten ja kysymysten valtaan. Jos tätä asiaa ei heti huomata ja korjata, sielu muuttuu välinpitämättömäksi, mikä on mitä vaarallisin tila.

Älä aliarvosta jumalanpalveluksen asetuksia. Vietä paljon aikaa mietiskellen ja rukoillen. Odota innolla kaikkia tilaisuuksia kuulla sanaa. Me tarvitsemme oppia, nuhdetta, kehotusta ja lohdutusta niin kuin nuoret kasvit ja ruoho tarvitsevat sadetta ja kastetta. Tarvitsemme tihkusadetta ja myös rankempaa sadetta (5 Moos. 32:2). Tee kaikki sielusi ja sydämesi pohjasta, niin kuin Kristukselle. Toimi niin kuin olisit suoraan tekemisissä hänen kanssaan ja hän katsoisi sinuun ja sinä häneen. Ammenna kaikki voimasi häneltä (Sak. 7:5).

Huomaa, mitä pyhiä aikeita sielustasi löytyy. Arvosta vähäisintäkin toimintahalua, joka on seurausta Kristukseen katsomisesta. Arvosta pienintäkin hyvää ja oikeaa ajatusta hänestä. Pidä arvossa vähäisimpiäkin hyviä sanojasi, joita puhut Kristuksesta aidosti ja kokosydämisesti. Kaiken sen olet saanut suuresta armosta. Oi, kiitä Jumalaa siitä! Tarkkaa joka päivä, onko sinut kohdannut päivän koitto ylhäältä, synnin surun aamukasteen kanssa, onko päivä valjennut sinulle aina. Onko kirkas aamutähti aina noussut sinulle säteillen yhä uudelleen armoa ja rauhaa? Onko Kristus tervehtinyt ihanasti sieluasi kaikissa sen koitoksissa? (Luuk. 1:77 – 79; Ilm. 22:16). Toimintasi, joka ei lisää hengellisyyttäsi, tekee sinusta lihallisemman. Se, mikä ei elävöitä ja tee nöyräksi, kuolettaa, kovettaa ja paaduttaa.

Juudas sai kyllä kastetun palan. Ulkoisesti hän sai kasteen, ehtoollisen ja seurakuntayhteyden, mutta Johannes nojasi Kristuksen rintaa vasten (Joh. 13:23–26). Evankeliumin mukaan meidän tulee asettautua juuri Johanneksen tavoin rukoilemaan, kuuntelemaan ja tekemään kaikki tehtävämme. Vain Kristuksen syliin ja rintaan nojaaminen pehmentää sydämesi kovuuden ja saa sinut itkemään syntejäsi kuin lapsi. Se parantaa sielustasi välinpitämättömyyden ja haluttomuuden, jotka ovat uskonelämän syöpä. Se tekee oikeasti nöyräksi ja saa sielun rakastamaan Kristusta ja inhoamaan syntiä. Se muuttaa jopa synkimmän paikan helvetistä Kristuksen kirkkaudeksi. Älä koskaan ajattele olevasi kyllin oikeanlainen, sellainen kuin sinun pitäisi olla. Älä pidä itseäsi kristittynä, joka on tavoittanut kirkkauden, ennen kuin pääset alati kokemaan, että lepäät Kristuksen helmassa, hänen, joka on Isän helmassa (Joh. 1:18). Tule ja pyydä Isää näyttämään sinulle Kristus. Voit olla varma, että hän toteuttaa pyyntösi. Mikään muu pyyntö ei voi miellyttää häntä enempää kuin juuri tämä. Hän luovutti Kristuksen omalta poveltaan juuri siksi, että hän olisi aina syntisten nähtävänä, ikuisena osoituksena Isänsä rakkaudesta.

Aurinkoon katsominen heikentää silmiä, mutta mitä enemmän katsot Kristukseen, vanhurskauden aurinkoon, sitä terävämmäksi ja kirkkaammaksi uskosi silmät muuttuvat. Katso Kristukseen, niin rakastat häntä ja elät hänessä. Ajattele häntä jatkuvasti. Pidä katseesi koko ajan kohdistettuna Kristuksen vereen, ettei jokainen kiusauksen tuulenpuuska sinua riepottaisi. Jos haluat nähdä synnin todellisuuden voidaksesi vihata ja katua sitä, älä jää katsomaan syntiin, vaan katso ensisijassa Kristukseen, kärsivänä ja sovitustyötä suorittavana. Jos haluat nähdä saamasi armon sekä pyhityksesi, älä jää tuijottamaan niihin, vaan katso ensisijaisesti Kristuksen vanhurskauteen. Kun näet Jumalan Pojan, niin näet kaiken. Vasta sen jälkeen katsele armon vaikutuksia itsessäsi.

Pidä Kristusta alusta asti keskeisimpänä uskonelämässäsi. Pidä häntä sekä uskosi että toivosi perustana. Mene Kristuksen luo nähden oma syntisi ja kurjuutesi. Älä tarkastele sitä, miten armo ja pyhyys sinussa näkyvät. Siihen saakka, kunnes näet Kristuksen ensimmäisenä ja ensisijaisena, älä ollenkaan kiinnitä huomiota siihen miten armo ja pyhitys ovat sinussa ilmentyneet, tällainen vain peittää Kristuksen. Sitä joka katsoo Kristukseen sen kautta, miten armo hänessä itsessään näkyy, voidaan verrata siihen, joka näkee auringon sellaisena kuin se on kuvastuneena veteen joka lainehtii ja liikkuu, kuten vesi tekee. Katso Kristukseen ainoastaan siten, että näet hänet loistamassa Isän rakkauden ja armon taivaanvahvuudella, niin näet hänet sanoinkuvaamattomassa kunnian kirkkaudessaan. Ylpeys ja epäusko tahtoisivat saada sinut katselemaan ensin jotakin omassa itsessäsi, mutta usko ei tahdo olla minkään muun kuin Kristuksen kanssa. Hänessä on sanomaton kirkkaus ja kunnia, hänen pitää hukuttaa niin pyhityksesi kuin syntisi, sillä Jumala teki hänet molemmiksi meidän vuoksemme. Meidän tulee pitää häntä molempina, niin syntinämme kuin pyhityksenämmekin (1 Kor. 1:30, 2 Kor. 5:21). Se joka asettaa pyhityselämänsä katseltavakseen, jotta saisi siitä turvaa ja lohtua, pystyttää itselleen kaikkein suurimman epäjumalankuvan, ja sillä tavoin hän voimistaa epäilyksiään ja pelkojaan. Jos käännät katseesi pois Kristuksesta, vajoat heti (Pietarin tavoin) epäilyksiin (Matt. 14:30).

Kristityllä on aina turva ja lohtu, ellei hän toimi evankeliumin järjestyksen vastaisesti. Näin tapahtuu, jos kristitty kohdistaa katseensa omaan vanhurskauteensa, kääntäen katseensa pois Kristuksen täydellisestä vanhurskaudesta. Silloin hän valitsee elämisen mieluummin kynttilän kuin auringon valossa. Hunaja, jota imet omasta vanhurskaudestasi, on muuttuva mitä karvaimmaksi sapeksi. Valo, mitä saat omasta vanhurskaudestasi kulkuasi valaisemaan, on muuttuva mustaksi yöksi, joka peittää sielun.

Saatana houkuttaa sinua turvautumaan armon ilmentymiin itsessäsi, etsimään lohtua niistä, jotta kulkusi olisi laahustamista. Silloin Isä tulee ja osoittaa sinulle Kristuksen armon runsautta ja kirkkautta, armoa joka täydellisesti miellyttää häntä. Isä tarjoaa sinulle mahdollisuutta tuntea Kristuksen vanhurskaus ja omistaa se. Ja mitä hän tarjoaa, sen häneltä myös saa. Tämä on siunattu vastaantulo, kuiskaavan hiljainen ja suloinen puhe epäuskoasi vastaan. Seuraa tätä ohjausta pienintäkin yksityiskohtaa myöten ja paljon rukoillen. Pidä kiinni siitä mitä sinulle nyt tarjotaan. Pidä sitä kuin mittaamattoman arvokasta jalokiveä, joka on kuin esimakua vielä suuremmasta ja tulossa olevasta.

Jos haluaisit rukoilla, mutta et pysty, ja tämä painaa sinua alas, niin näe Kristus rukoilemassa puolestasi, hän edustaa sinua Isän edessä. Mitä voit haluta enempää? (Joh. 14:16, Joh. 17: koko luku). Kun tuntuu vaikealta ja olet levoton, ymmärrä, että Kristus on sinun rauhasi. Hän jätti sinulle rauhansa mennessään taivaaseen. Yhä uudelleen hän on painottanut, ettei sinun tule olla huolissasi, levoton, tai ollenkaan synnin ahdistama, sillä sellaisessa tilassa on vaikeaa kokea turvaa ja lohtua, ja uskominen tulee vaikeaksi (Ef. 2:14, Joh. 14:1, 27). Hän on nyt valtaistuimella, tuhottuaan ristillään (syvimmässä alennuksen tilassaan) kaiken mikä voisi tuottaa sinulle vahinkoa ja ahdistusta. Hän on kantanut kaikki syntisi, murheesi, pelkosi, häpeäsi, sairautesi, vaikeutesi ja kiusauksesi. Hän on mennyt valmistamaan pysyvää asuinpaikkaa sinulle.

Sinä, joka olet nähnyt, että Kristus on kaikki ja että itse et ole yhtään mitään; sinä, jolle Kristus on koko elämä ja joka olet kuollut kaikelle muulle vanhurskaudelle; sinä olet kristitty. Olet suuresti rakastettu ja olet päässyt Jumalan suosioon. Taivaan suosikki, tee Kristukselle tämä yksi palvelus osoittaaksesi kiitollisuutta kaikesta hänen rakkaudestaan: rakasta kaikkia hänen alhaisia pyhiään ja seurakuntiaan, myös halveksituimpia ja heikoimpia, tuomitsematta heitä näkemyserojen tähden. Heidän nimensä ovat kaiverrettuna hänen sydämeensä niin kuin Israelin lasten nimet oli kaiverrettu Aaronin rintakilpeen, olkoot ne niin kaiverrettuna sinunkin sydämeesi (2 Moos. 28:21). Rukoilkaa rauhaa Jerusalemille, ne tulevat menestymään, jotka rakastavat häntä (Ps. 122:6).